AF321914

c'est justement de savoir ce qui se passe chez nous, de connaître nos besoins, nos désidérata, enfin d'être mis au courant des propositions que nous sommes susceptibles de faire à notre Gouvernement.

Il en est de même pour ceux des congressistes qui viennent des pays importateurs de bois, comme la France. Il leur importe que nous leur présentions un résumé plus ou moins succinct de la législation douanière de leur pays qu'ils connaissent infiniment mieux que nous.

Nous nous imaginons, au contraire, que ce qu'ils viennent chercher en France, comme nous chez eux, ce sont des informations sur notre législation douanière et que ce qu'ils veulent savoir, ce sont nos conceptions économiques, afin d'établir ensuite un parallèle avec leur pays.

*
* *

La revision éventuelle des droits de douane est une question particulièrement délicate à traiter, car quel que soit notre désir de ne considérer que les intérêts généraux du pays, nous pouvons à notre insu être amenés à soutenir une thèse qui nous soit favorable personnellement, et d'autre part, nous courons le risque de troubler l'atmosphère de chaude cordialité qui règne à ce Congrès. Il est pourtant un fait que la prospérité de chaque corporation constitue une part plus ou moins grande de la richesse nationale et qu'une mesure législative ou économique n'est justifiée que si elle concilie tous les intérêts en présence.

Nous nous efforcerons donc d'étudier ici devant vous, aussi objectivement que possible, la question des droits de douane et de ne tirer d'autres conclusions que celles qui découlent directement des statistiques.

Notre rapport perdra sans doute en intérêt, car les auditeurs aiment les opinions nettes et précises. Ils préfèrent même, quelquefois, l'exagération d'une conviction sincère à un exposé trop impersonnel.

Et pourtant notre travail ne serait pas complet, il prendrait même, quelles que soient nos conclusions, l'allure de revendications égoïstes d'une corporation, si nous examinions en même temps la répercussion que peut avoir une majoration des droits sur les nombreuses industries qui utilisent les bois.

CONGRÈS FORESTIER INTERNATIONAL DE GRENOBLE

Juillet 1925.

2ᵉ SECTION

RÉGIME DOUANIER

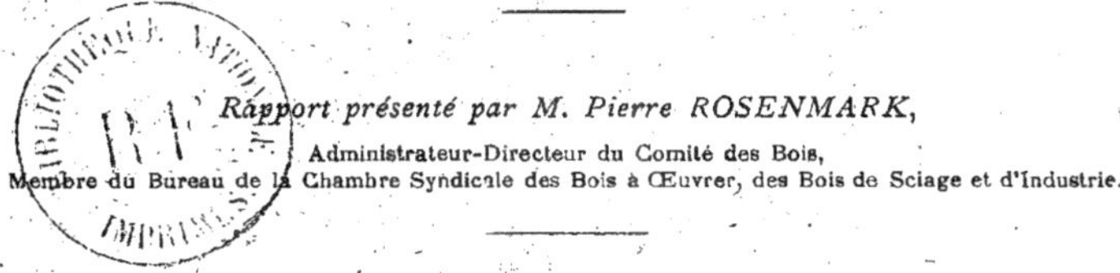

Rapport présenté par M. Pierre ROSENMARK,

Administrateur-Directeur du Comité des Bois,
Membre du Bureau de la Chambre Syndicale des Bois à Œuvrer, des Bois de Sciage et d'Industrie.

MESSIEURS,

Il vous souviendra certainement qu'au dernier Congrès Forestier International organisé par le Touring-Club de France, il y eut une discussion particulièrement intéressante sur les modifications éventuelles à apporter aux droits d'entrée auxquels sont soumis en France les bois d'importation.

Nous n'avons pas la prétention de vous présenter un rapport aussi détaillé et complet que celui qui vous a été lu à cette époque, mais par suite des circonstances et de l'enquête que le Ministre du Commerce fait actuellement auprès de tous les groupements commerciaux et industriels de France, en vue de la revision de notre tarif douanier, nous avons cru devoir limiter notre examen aux seuls droits d'entrée appliqués au bois commun pour en faire une étude plus approfondie.

Notre première intention était cependant, en raison des nombreux étrangers qui participent à ce Congrès, de préparer un exposé comparatif des tarifs douaniers auxquels sont soumis les bois dans chacun des pays d'Europe.

Mais si, de prime abord, une étude aussi générale des questions douanières semblait devoir répondre aux exigences d'un Congrès International, il n'en est pas réellement ainsi.

En effet, la plupart de nos auditeurs étrangers sont les représentants de nations forestières de l'Europe. Ce qui les intéresse,

Vous nous approuverez d'en tenir compte, car bien évidemment tous ceux qui ont la grande joie d'approcher les belles forêts françaises — qu'ils les visitent comme les heureux membres du Touring-Club, ou qu'ils les détruisent comme nous autres — ne peuvent jamais avoir de pensées égoïstes.

La première question qui se pose concerne la nomenclature et plus particulièrement l'échelle des épaisseurs des bois sciés, question uniquement technique et que nous examinerons brièvement.

Vous savez qu'il existe des propositions du Ministère du Commerce. Ce dernier n'a pas jugé opportun d'abaisser la limite inférieure des gros bois comptée actuellement à partir de 80 millimètres.

D'autre part, il fait une distinction entre les épaisseurs au-dessous et au-dessus de 10 millimètres.

Enfin, il projette de créer une catégorie spéciale pour le placage.

Examinons successivement ces trois points :

a) *Plateaux de 80 millimètres et plus.* — La plus grosse partie des bois importés en France est livrée sous forme de madriers qui, suivant les pays producteurs, ont une épaisseur de 75 à 80 millimètres.

Ces madriers, semblables entre eux, payent actuellement des droits d'entrée différents. C'est une anomalie.

D'autre part, fixer, comme il a été proposé, la limite à 75 millimètres qui est l'épaisseur à laquelle la plus grande partie des madriers est livrée, risque d'occasionner, en raison du rétrécissement habituel des bois pendant les longs trajets, des difficultés sans nombre et profondément regrettables entre les importateurs et les vérificateurs de douane.

Nous suggérons plus loin une solution.

b) *Distinction entre les épaisseurs au-dessous et au-dessus de 10 millimètres.* — Cette innovation est principalement faite pour les chênes. Est-elle justifiée ?

En d'autre termes, peut-on et doit-on mettre dans la même catégorie une planche de 34 millimètres et un feuillet de 11 millimètres, et dans une catégorie différente les feuillets de 9 et de 11 millimètres.

Si l'on considère les grumes nécessaires à la production de ces bois minces, la manière de les débiter et enfin leur utilisation, la réponse est négative sans hésitation possible.

En plus de ces raisons d'ordre technique, il semble qu'il y ait, pour la non-création de cette distinction nouvelle, un motif de fait et deux d'ordre économique, à savoir :

1° Le chêne de France ne se prête que difficilement au débit des feuillets *avivés* de 7 millimètres, du moins dans la qualité dont l'ébénisterie a besoin. Par conséquent, créer un droit spécial afin de réserver à nos scieries le débit de ces minces épaisseurs serait une hérésie forestière ;

2° Les prix de vente des feuillets de 7 à 9 millimètres en chêne d'importation sont si élevés que la production française a une marge largement suffisante. La différence de prix entre les feuillets de Yougoslavie et ceux de pays est d'environ 800 francs par mètre cube ;

3° Enfin, les nouveaux droits d'entrée fixés par la Belgique, dont les fabricants de meubles sont les plus grands concurrents des nôtres, ne tiennent pas compte de cette distinction.

Nous handicaperions ainsi d'avance nos industriels dans la lutte internationale, et sans profit pour quiconque, puisque les scieries françaises ne peuvent débiter qu'une quantité insuffisante de ces minces épaisseurs dans la qualité requise.

a) *Tarif spécial pour les placages sciés de 3 millimètres et au-dessous.* — Nous pensons que nous serons tous d'accord à reconnaître l'utilité de cette nouvelle catégorie qui comprendra également les placages tranchés.

Nous croyons, en conséquence, que le plus simple et le plus pratique serait d'établir une nomenclature de douane conforme aux usages de la production et du commerce des bois en France. Cette échelle répondrait à toutes les nécessités, en particulier à celles de compter à un tarif supérieur les minces épaisseurs et résoudrait en même temps l'anomalie évidente signalée au début de notre exposé pour les gros bois.

Nous proposons la nomenclature suivante :

Plateaux équarris ou sciés de 60 millimètres d'épaisseur et plus.

Planches équarries ou sciées d'une épaisseur inférieure à 60 millimètres et supérieures à 22 millimètres.

Feuillets de 21 millimètres inclusivement à 3 millimètres exclusivement.

Placages sciés de 3 millimètres et au-dessous et feuilles tranchées de placage.

Notons toutefois que cette distinction entre les épaisseurs n'est pas reconnue indispensable par tous les pays pour protéger les intérêts de leurs scieries. Ainsi, les deux derniers tarifs de douane qui viennent d'être mis en vigueur — ceux de la Belgique et de l'Allemagne — ne font qu'une seule catégorie pour les bois sciés, quelle que soit l'épaisseur. Ce point de vue des étrangers est tout à fait intéressant.

Assiette des droits de douane.

Après la remarquable discussion du dernier Congrès forestier international sur les droits d'entrée, notre plan se trouvait tout tracé.

De l'avis de la majorité des congressistes de 1913, il faut tenir compte dans la fixation des taux de la protection à accorder à la forêt française et d'autre part les producteurs français doivent être mis sur un pied d'égalité avec les producteurs étrangers, c'est-à-dire — nous citons ici une phrase de l'honorable M. Bouvet dont la compétence est indiscutable — que les producteurs étrangers doivent avoir à supporter les mêmes frais et les mêmes charges que les nôtres.

Nous croyons ainsi utile de diviser notre exposé en quatre parties principales :

1° Examen de la situation générale de l'industrie du bois et de celles qui l'utilisent ;

2° Évaluation des charges spéciales qui pèsent en France sur l'industrie forestière et du sciage des bois, par comparaison à celles que supportent les industries concurrentes étrangères ;

3° Étude des principales modifications proposées sur le tarif actuellement en vigueur ;

4° Conclusion.

*
* *

Voyons donc quelle est la situation de nos exploitations forestières et de nos scieries mécaniques.

Fidèles à notre programme d'examen objectif, nous nous baserons uniquement sur les statistiques.

Que disent-elles ?

Il a été importé en France :

	bois de sciage tendre.	bois de chêne scié.
1913.	1.409.249 tonnes.	47.452 tonnes.
1923.	1.357.887 —	25.726 —
1924.	1.367.228 —	19.597 —

De ces chiffres, il ressort que les bois étrangers n'ont pas profité de la diminution en valeur or de notre tarif douanier.

Les importations décroissantes ne peuvent d'autre part pas être attribuées à une sous-consommation ou au ralentissement de l'activité des scieries françaises. En effet, celles-ci ont exporté :

	bois de sciage tendre.	bois de chêne scié.
1913.	56.773 tonnes.	11.528 tonnes.
1923.	124.453 —	12.072 —
1924.	121.671 —	19.884 —

Nous constatons donc avec satisfaction que l'activité des scieries mécaniques françaises s'est développée depuis la guerre au détriment des scieries étrangères, bien qu'il n'ait été appliqué jusqu'à présent aucun coefficient de majoration aux anciens droits d'entrée.

Situation des industries qui utilisent les bois de construction et d'ébénisterie.

Industrie du bâtiment. — Il n'est point besoin de statistique pour savoir que la construction en France est malheureusement arrêtée depuis la guerre, malgré la crise aiguë des logements.

Une des causes principales en est la cherté des matériaux. Les prix possibles des loyers ne sont plus en rapport avec le coût des bâtiments neufs.

Industrie du meuble. — L'ébénisterie subit de son côté, depuis un an, une très forte crise. Il faut constater également que les fabriques françaises de meubles, qui utilisent un personnel ouvrier considérable, luttent péniblement à l'extérieur et même à l'intérieur contre la concurrence étrangère.

Donc situation triple, que nous nous excusons d'exposer de cette manière un peu schématique :

1° L'industrie française du sciage des bois subit une concurrence moins forte de la part de l'étranger qu'avant la guerre ;

2° La construction est arrêtée en raison surtout de la cherté des matériaux, dans lesquels les bois entrent pour une part très importante ;

3° L'ébénisterie française rencontre les mêmes difficultés.

Mais ceci posé, nous devons examiner la question de l'approvisionnement en bois et subsidiairement si nos industries du bâtiment et de l'ébénisterie peuvent se passer des bois importés. Nos hôtes étrangers comprendront certainement cette préoccupation.

Or, nous devons constater que les bois français ne suffisent ni en qualité, ni en quantité pour assurer nos besoins. Nous ne croyons pas avoir à le prouver puisqu'il s'agit là d'un fait patent.

Le problème se pose en conséquence comme suit :

Devant l'inévitable nécessité de nous couvrir à l'étranger pour une grande partie de nos besoins en bois, pouvons-nous quand même augmenter les droits d'entrée ?

En d'autres termes, la situation actuelle des exploitants et producteurs rançais de bois mérite-t-elle une protection supplémentaire qui, de toute façon, sera au détriment des entreprises de construction, des fabriques d'ébénisterie et de maisons d'exportation de meubles dont nous avons exposé plus haut les graves embarras ?

Conformément au cadre qui nous a été en quelque sorte tracé par les délibérations du Congrès de 1913, nous sommes ainsi ame nés à examiner les charges qui pèsent sur les exploitations forestières et scieries mécaniques françaises et d'autre part celles qui incombent à leurs concurrents étrangers.

Vous penserez comme nous, Messieurs, qu'il est préférable, pour ne pas prolonger cet exposé, de limiter notre étude aux bois de chêne et de sapin.

Chêne. — Nous avons pris, comme comparaison, les frais de production d'un mètre cube de sciage chêne de France et d'un mètre cube de sciage chêne de Yougoslavie. Nous avons cru devoir choisir ce dernier, car c'est de cette provenance que nous recevons la plus grande quantité de bois dur.

En effet, nos achats de chêne de Yougoslavie se sont montés, en 1923, à 49 0/0 de notre importation totale et, en 1924, à 42 0/0.

Nous avons établi les prix de revient moyens par mètre cube d'une scierie de France et d'une scierie de Yougoslavie, en tenant compte de chaque élément (prix de l'arbre sur pied, abatage, camionnage, débit, manutentions diverses des scieries, salaire des ouvriers, charges sociales et fiscales, assurances, loyer de l'argent, etc., etc.), travail délicat, s'il en fût.

Il appert de nos calculs que les frais de production en Yougoslavie, auxquels nous avons ajouté les transports et les droits de douane, sont actuellement très supérieurs à ceux qui sont à la charge de nos scieries françaises.

Examinons les prix de vente. Il n'y a lieu d'envisager que les bois avivés, puisque ce sont surtout ceux-là que nous importons.

Les chênes de pays avivés, qualité bon bois, se vendaient au mètre cube, en 1913, environ 140 francs, tandis qu'ils valent actuellement environ 650 francs.

Les chênes de Yougoslavie, premier et deuxième choix, ont passé de 215 francs à 1.260 francs le mètre cube.

Il ressort de cette deuxième statistique :

a) Que les prix de vente des chênes de pays ont augmenté, depuis la guerre, de 460 0/0, ceux de Yougoslavie de 580 0/0, ces derniers calculés, du moins, en franc français ;

b) Que les producteurs français de chêne ont, devant eux, une marge bien plus considérable qu'avant la guerre. Ils profitent de cette différence puisque leurs ventes augmentent tandis que celles des bois de Yougoslavie diminuent ;

c) Que les prix des chênes de pays peuvent encore être majorés sans que le placement s'en ressente ;

d) Que les prix de vente des chênes de Yougoslavie ne peuvent plus être augmentés sans devenir prohibitifs.

A ces conclusions, tirées uniquement des statistiques, notre devoir de Français, fiers des efforts industriels et artistiques faits par notre industrie du meuble, qui triomphe actuellement à l'Exposition des Arts décoratifs, est d'ajouter : l'ébénisterie française ne peut se passer de chêne étranger.

** **

Faisons le même travail pour le sapin.

Nous avons choisi pour ce bois les provenances d'Autriche, de Bosnie et de Roumanie pour les raisons suivantes :

a) Nous recevons une quantité très importante de sapin de ces pays ;

b) La qualité de leur sapin est à peu près équivalente à celle des bois de France, qui sont même plus résistants ;

c) Ce sont des pays à change déprécié qui, par conséquent, sont susceptibles de faire à nos bois une concurrence plus dangereuse que la Suède, par exemple.

Nous nous excusons auprès de nos auditeurs autrichiens de paraître encore compter leur nation parmi celles qui souffrent d'un change faible, mais il nous a semblé que la réforme monétaire de leur pays datant du 1er mars de cette année n'a pu encore modifier les conditions économiques de la production.

Du reste, il était intéressant de comprendre dans notre étude l'Autriche, qui a été en 1924 notre principal fournisseur de sapin de l'Europe centrale.

Nos calculs, forcément très minutieux, nous ont fourni une preuve nouvelle que les conditions économiques de l'Europe se sont radicalement modifiées depuis la guerre. La vie en France, pays confortable de petits bourgeois, était comparativement chère avant 1914, mais elle est devenue, malgré les apparences, meilleur marché que dans une grande partie du monde, sur la base bien entendu de la monnaie or. Tous nos compatriotes, qui voyagent au delà de nos frontières, s'en sont rendu compte. Tous nos aimables hôtes étrangers de ce Congrès le confirmeront, à condition toutefois qu'ils veuillent bien ne pas nous juger d'après les grands bars et restaurants de nuit parisiens, où nous leur souhaitons de bien s'amuser, mais qui n'ont, vous pouvez nous en croire, qu'un rapport bien vague avec la vraie France de travail et d'économie.

Dans notre commerce même, nous en trouverons des preuves très caractéristiques. Faut-il, citer, par exemple, certains bois de nos propres colonies tels que l'okoumé, qui doit se vendre en France, pour rester en harmonie avec les prix des autres matières premières, bien meilleur marché qu'en Allemagne, en Hollande, en Angleterre?

Ainsi, après une étude faite uniquement sur des chiffres précis et contrôlés, nous arrivons à la conclusion que les prix de revient de nos bois tendres sont inférieurs à ceux des bois de l'Europe centrale, en tenant compte, bien entendu, des frais supplémentaires de transport à la charge de ces derniers et qui constituent un facteur considérable.

Mais puisque nous sommes entre nous, producteurs et négociants en bois, il nous sera bien permis d'ajouter que l'industrie des sciages de bois tendre n'est malheureusement plus assez rémunératrice.

Il faut cependant remarquer que les scieries étrangères sont exactement dans le même cas que les nôtres, plus grave même.

Cette situation est imputable, croyons-nous, à l'état général du marché des bois. Aussi, quel que soit notre désir de la voir prendre fin pour nos compatriotes, il semble que si nous corrigions, par l'élévation des droits d'entrée, un état de fait qui n'est pas particulier au marché français, nous risquerions de stabiliser chez nous les prix des bois au-dessus des cours mondiaux.

Cette malheureuse situation ne peut être que transitoire. Si elle devait se prolonger, il n'existerait bientôt plus de par le monde de producteurs de sapin. Ce serait bien ennuyeux pour nous, et permettez-nous d'ajouter, également, pour tous les innombrables membres du Touring-Club, car nous nous imaginons, non sans quelque raison, être des gens indispensables.

***

Mais n'oublions pas que de nombreux motifs en faveur de la majoration des droits d'entrée sur les bois ont été donné ces temps derniers par des personnalités dont la compétence économique est indiscutable.

Vous pensez comme nous, Messieurs, que nous devons examiner avec grande attention ces études et chercher à en tirer profit.

L'un des arguments d'ordre général le plus fort qui ait été invoqué en faveur de la majoration est la nécessité d'adapter les droits d'entrée à la valeur actuelle du franc.

Peut-être cependant estimerez-vous qu'il n'appartient pas à un Congrès forestier de prendre position sur ce point.

Pour rester dans notre rôle, nous rappellerons simplement que les statistiques prouvent que les producteurs de bois sont actuelle--ment incomparablement mieux protégés contre la concurrence étrangère, par la dépréciation du franc qu'il ne l'était avant la guerre.

Il a été dit également que nous devons non seulement accepter, mais même demander une majoration des droits d'entrée pour améliorer la situation financière de notre pays.

Nos auditeurs étrangers nous excuserons d'aborder ce point qui concerne exclusivement la France, mais ils ne s'étonneront pas de nos préoccupations. Ce serait une fausse honte de notre part de passer sous silence les difficultés dans lesquelles notre pays se débat et nous demandons simplement à nos hôtes étrangers, quand ils seront de retour chez eux, de dire que les Français, quelle que soit leur situation sociale, ont tous la volonté absolue de consacrer l'intégralité de leurs forces au redressement financier de leur pays.

Mais nous autres, commerçants ou producteurs de bois, sommes-nous à même de juger si cette majoration des droits sur les bois bruts de sciage produira des plus-values budgétaires?

Cette question dépasse de beaucoup notre modeste compétence, du moins celle de votre rapporteur. Tout ce que nous pouvons dire, c'est qu'elle ne constitue pas un postulat et que ces plus-values ne pourraient être escomptées en toute certitude que si la majoration des droits d'entrée appliquée à des matières premières ne devait pas avoir pour conséquence de restreindre l'activité économique du pays.

D'autre part, l'une des personnalités les plus distingués du monde de l'agriculture a récemment émis l'avis devant nous qu'il y avait utilité pratique à élever les droits de douane afin d'amener indirectement les négociants des autres pays qui exportent en France à coopérer à nos charges financières.

Nous ne croyons toutefois pas que ce moyen, si ingénieux qu'il puisse sembler, soit d'un résultat certain. Notre expérience des affaires internationales des bois nous fait penser, au contraire, que les mêmes prix sont faits en monnaie or C.I.F. tous les ports de l'Europe et que ceux qui vendent de France les marchandises dédouanées ajoutent simplement, à leur prix, les droits de douane.

Dans ces conditions, le taux des droits leur sont complètement indifférents, comme le disait avec netteté habituelle notre ami, M. Jean Hollande, lors du Congrès de 1913.

Il y a, du reste, quelque incompatibilité à prétendre que l'augmentation des droits d'entrée sera supportée par les scieries étrangères et par conséquent ne majorera pas notre prix d'achat, et que cette majoration est nécessaire à la protection des producteurs français.

Mais nous avons eu l'occasion de trouver dans les derniers rapports qui ont été faits en faveur de la majoration des droits d'entrée, un argument d'ordre technique d'une force indiscutable.

Si long que soit déjà notre exposé, nous croyons indispensable de l'étudier à fond avec vous, d'autant plus que ce motif a été invoqué simultanément dans tous les pays importateurs de bois et également, mais pour une raison corollaire, dans les pays forestiers exportateurs.

Vous avez deviné, Messieurs, qu'il s'agit de la fixation d'une échelle de *droits très différents* entre les sciages et les grumes, afin de faciliter l'importation de ces dernières et de donner ainsi un aliment certain à nos scieries.

Il est hors de doute qu'il est de l'intérêt économique de chaque pays de favoriser le travail des scieries situées sur son territoire.

Si nous écartons immédiatement l'entrée en franchise des bois en grumes et la prime à l'importation, dont il ne peut être question actuellement, il ne reste, pour atteindre ce but, qu'un moyen : Fixer les droits frappant les sciages à des taux très élevés par rapport à ceux appliqués aux bois ronds.

En d'autres termes, ne pas craindre de rendre plus onéreuse, pour l'industrie qui utilise le bois, l'importation des sciages afin de favoriser l'introduction des grumes et par là même donner avantage aux scieries mécaniques françaises.

Il n'est pas une nation étrangère qui n'ait examiné ce point, mais avant d'envisager ce système qui évidemment est quelque peu empirique et que les statistiques fournies plus haut ne semblent pas justifier, pour la France du moins, il importe de se rendre compte de son efficacité. Il tombe, en effet, sous le sens que s'il ne devait pas donner de résultat, il n'y aurait même pas lieu de chercher, sur cette base, un compromis qui satisfasse tous les intérêts en présence.

Or, n'est-il pas à craindre qu'un régime favorisant si ouvertement l'importation des grumes au détriment de celle des sciages, n'ait pour contrepartie immédiate une élévation des droits de sortie des bois ronds des pays essentiellement forestiers ? Nous aimerions savoir ce qu'en pensent nos auditeurs étrangers, ceux de Pologne, de Roumanie, par exemple, et également ceux de Yougo-slavie dont le Gouvernement a créé, ces jours derniers, des droits élevés de sortie, même pour les petites grumes de hêtre qui jusqu'alors en étaient exemptées.

Les nations productices de bois ont le même intérêt que nous à faire travailler leurs scieries, et si elles appliquaient une forte taxe d'exportation pour restreindre la sortie des grumes, le prix de revient de ces bois ne se trouverait pas réduit pour nos scieries et les droits perçus profiteraient à des États étrangers.

Il faut du reste remarquer que l'importation de grumes n'est jamais considérable en France, car elle n'est possible que des pays limitrophes. Le transport de bois ronds des régions éloignées est prohibitif, et de fait nous n'importons aucune grume en bois commun de Suède, de Roumanie, d'Autriche, des États-Unis, etc.

Nous avons, il est vrai, l'exemple de l'Allemagne, qui a récemment établi un nouveau tarif de douane, mais s'il est justifié de s'inspirer en certaines circonstances des dispositions de ce pays industriel, qui est notre concurrent à l'exportation de nombreux produits fabriqués, il ne peut en être de même en l'occurrence. Il n'est du reste nullement prouvé que l'expérience allemande, toute récente, et qui a déjà provoqué un mouvement de réaction dans toutes les scieries tchécoslovaques et autrichiennes, qui se plaignent de l'augmentation du prix des bois sur pied, soit probante.

D'autre part, il ne faut pas oublier que l'Allemagne, au centre de l'Europe, est à proximité des pays forestiers et qu'elle peut ainsi importer des grumes dans de bien meilleures conditions de transport et en quantité beaucoup plus grande que nous ne le pouvons nous-mêmes.

Ces points étant établis, nous devons nous rendre compte avec vous si le faible pourcentage des droits d'entrée par rapport à la valeur actuelle des bois n'est pas choquante.

Cette disproportion n'est pas niable, mais devons-nous ici, nous qui sommes des professionnels, nous livrer à des opérations arithmétiques, ou ne faut-il pas poser le problème comme suit :

Les prix actuels des bois importés peuvent-ils être encore majorés ?

Si difficile que soit une affirmation dans l'ordre économique, nous croyons devoir répondre par la négative, d'autant plus que toute élévation des droits sur les bois étrangers amènerait inéluctablement une hausse des bois indigènes que les industries du bâtiment et du meuble ne sont malheureusement, ni l'une ni l'autre, en état de supporter.

* *

Messieurs, nous ne voudrions pas abuser de votre bienveillante attention. Aussi n'ajouterons-nous que quelques mots. Fidèles à notre méthode, nous nous efforcerons dans ce résumé final de ne point adopter d'autres conclusions que celles qui découlent directement des statistiques.

Ces dernières ont montré que malgré le maintien à ce jour des droits d'entrée de 1892 :

Le tonnage importé des sciages chêne étranger a été inférieur en moyenne en ces deux dernières années de 60/0 sur celui de 1913.

Que l'importation des sciages de bois tendre a également baissé.

Que nos exportations ont augmenté de plus de 70 0/0 pour les chênes et de plus de 100 0/0 pour les autres bois.

Que ces statistiques données en pourcentage prouvent indiscutablement l'activité des scieries françaises, mais qu'il ressort des tonnages importés et exportés que notre production nationale de bois n'est suffisante ni en quantité, ni en qualité, et que nous resterons toujours tributaires de l'étranger quoi que nous fassions.

Que, les charges qui pèsent sur les exploitations forestières étrangères ne sont pas inférieures à celles qui incombent aux nôtres, tant au point de vue du prix de la main-d'œuvre que des charges fiscales et des frais de transport.

Que dans ces conditions, il n'y a pas lieu de majorer des droits pour rétablir un équilibre qui n'a pas été rompu ou plutôt qui ne l'a été qu'en faveur des exploitations et scieries mécaniques françaises.

Que les prix des sciages chêne de France peuvent encore augmenter, si les conditions économiques le rendaient nécessaires, sans que les producteurs français n'aient à craindre la concurrence étrangère.

Qu'il en est de même pour les bois tendres.

Que, par contre, les bois étrangers tels que les sapins du Nord, les chênes de Yougoslavie, arriveraient à des taux prohibitifs?

Que de tous les motifs d'ordre généraux et techniques invoqués en faveur de la majoration des tarifs existants, seul celui concernant l'établissement de droits très différents entre les sciages et les grumes peut être retenu, mais que la difficulté d'approvisionnement des grumes à l'étranger, en raison du coût du transport et des taxes de sortie établies par les pays producteurs, rendraient cette mesure inopérante.

Qu'une majoration des droits d'entrée ne profiterait du reste que très relativement aux scieries françaises, car elle amènerait inéluctablement une hausse des bois sur pied ainsi que le prouve le précédent de 1892.

Que cette hausse des grumes causerait même aux producteurs français, et nous attirons l'attention de ces derniers sur ce point important, un préjudice considérable pour leur exportation de sciage qui s'est développée depuis la guerre.

Que, d'autre part, les industries du bâtiment et de l'ébénisterie en France se trouvent dans une situation particulièrement difficile qui mérite toute l'attention des pouvoirs publics.

Que l'un des facteurs principaux de cette crise est précisément la cherté des matériaux et des bois en particulier.

Que dans ces conditions toute majoration artificielle des prix des bois empirerait cette situation qui, si elle se prolonge, aurait une conséquence grave sur toute l'économie nationale.

.*.

.Ainsi donc, Messieurs, si nous nous reportons aux intéressantes délibérations du Congrès Forestier International de 1913, nous constatons que les motifs qui l'avaient déterminé à demander le maintien du *statu quo* n'ont pas perdu de leur valeur et que même certaines raisons qui pouvaient inciter à la majoration des droits d'entrée ont disparu. Faut-il faire état en particulier de l'opinion hautement autorisée, citée au dernier Congrès, de M. Adrien Melard qui a été conservateur aux eaux et forêts et qui combattait l'augmentation des droits d'entrée dans l'intérêt même de la conservation des forêts françaises ?

Après les dévastations de 1914-1918, cette opinion a, *a fortiori*, encore plus de valeur.

Mais le maintien du *statu quo* est également avantageux aux producteurs français, car il aura pour conséquence immédiate l'arrêt de l'augmentation des prix d'adjudication des coupes en France et constituera un frein sérieux à la hausse des salaires des ouvriers forestiers et scieurs.

Ceci est d'une importance primordiale, car nous devons prévoir le moment, peut-être pas très éloigné, où le franc s'étant stabilisé se revalorisera.

Les producteurs de bois, dont l'industrie est essentiellement de longue haleine, doivent, dès maintenant, s'organiser en vue de cette nouvelle situation dont l'effet certain sera que notre franc aura un pouvoir d'achat plus fort à l'étranger que chez nous.

Ce phénomène économique s'est produit chez toutes les nations dont la monnaie s'est relevée, et faute de l'avoir prévu à temps, les industriels en subirent de graves dommages.

Vous n'avez donc pas intérêt, Messieurs les Producteurs, permettez-nous de vous le dire, à laisser adopter aujourd'hui la moindre mesure qui pousse à l'augmentation de vos prix de revient, comme ce serait inéluctablement le cas si vous vous trouviez protégés par de nouveaux droits.

Ne nous faisons pas d'illusion en effet. : Une majoration des tarifs sur les bois ne restreindra en rien le tonnage importé — ce n'est pas possible mais aura pour conséquence directe la hausse des prix de vente des sciages indigènes et pour corollaire l'augmentation du prix, des arbres sur pied, du coût du cammionnage, des salaires, etc. etc. ;

Vous voyez donc par là ce que serait la situation de nos scieries françaises, après l'amélioration du franc, quand elles devront, avec des prix de revient élevés, lutter contre la concurrence étrangère. Cette éventualité n'est peut être pas si lointaine, car il suffirait que la livre revienne à 90 francs. C'est à ce moment, là que les scieries françaises auraient besoin de droits compensateurs qu'elles ne pourront plus obtenir, et l'effet de ceux qui leur auront été concédés antérieurement, sera complétement émoussé.

Il faudra alors aux producteurs des années de lutte, de sacrifice, de lock-out peut-être, pour parvenir à restreindre leur prix de revient.

Considérez l'exemple frappant de l'Angleterre, dont la grave crise économique provient sûrement de ce que des matières premières et objets fabriqués se sont stabilisés chez elle au-dessus des cours mondiaux.

La France a actuellement le grand bonheur d'être devenue une nation exportatrice, mais cette situation, qui doit sauver nos finances, ne saurait se prolonger qu'à la condition unique qu'aucune mesure douanière ne vienne artificiellement augmenter le coût des matières premières.

Du reste, le maintien du *statu quo* présente même des avantages immédiats pour les producteurs.

En effet, après la crise économique de ces derniers mois, un avenir meilleur semble proche. Déjà une grande activité règne en Bourse, dont les opérations ont toujours été précurseurs des grands mouvements économiques en France. L'emprunt s'annonce brillamment, la confiance renaît.

Nous comptons revoir enfin de grands chantiers de travaux dans toute la France, comme il s'en est déjà établi dans beaucoup de pays de l'Europe centrale, qui nous ont devancés.

Il ne faudrait pas que cette résurrection se trouvât paralysée par de nouveaux droits sur des matières premières. Mais ne l'envisageons même pas, car il n'est pas l'un d'entre nous, dans la grande famille des bois qui, quelle que soit sa spécialité, ne préfère, à une sorte de malthusianisme économique qui augmenterait peut-être les bénéfices pendant un certain temps, un labeur intensif avec de vastes transactions.

Notre désir à tous, actuellement surtout, est de faciliter les constructions en masse sur tout notre territoire, afin de donner aux familles françaises le confort et l'hygiène que leurs chefs ont bien mérités pour elles il y a quelques années.

Messieurs, vous excuserez ce trop long rapport. Vu l'ampleur et la gravité du sujet, il nous a paru cependant nécessaire de ne pas l'abréger par trop.

Nous n'avons qu'un regret, c'est qu'un hasard malicieux nous ait fait confier cette étude, alors que de nombreux collègues auraient pu défendre la même cause avec une autorité et des connaissances techniques que nous n'avons pas.

Nous eussions voulu terminer notre rapport par des vœux, suivant l'usage dans les congrès, mais il nous semble qu'en l'occurrence nous ne le pouvons.

Nous avons traité, en effet, exclusivement une question concernant l'économie française. Nous ne pouvons demander à ceux de nos hôtes étrangers, qui nous ont fait l'honneur d'assister à cette réunion, ni de voter, ni de s'abstenir.

Nous sommes persuadés que vous nous approuverez.